LA MERE RIVALE,

COMÉDIE,

EN UN ACTE ET EN PROSE,

Par M. PIGAULT-LE-BRUN.

Représentée pour la première fois, à Paris, sur le Theâtre Français de la rue de Richelieu, le premier Octobre 1791.

A PARIS,

Chez CAILLEAU, & FILS, Imprimeurs-Libraires, rue Galande, N°. 64.

1791.

A MA MÈRE.

Daignez recevoir l'hommage de cette Bagatelle, comme une faible marque de mon respect, de ma tendresse, & de ma reconnaissance.

PERSONNAGES.	ACTEURS.
M. DUPORT.	M. Grandmenil.
M. GERMON.	M. Châtillon.
Madame GERVAL.	Mlle Candeille.
ROSE.	Mme Saint-Clair.

La Scène est à Paris chez Madame Gerval.

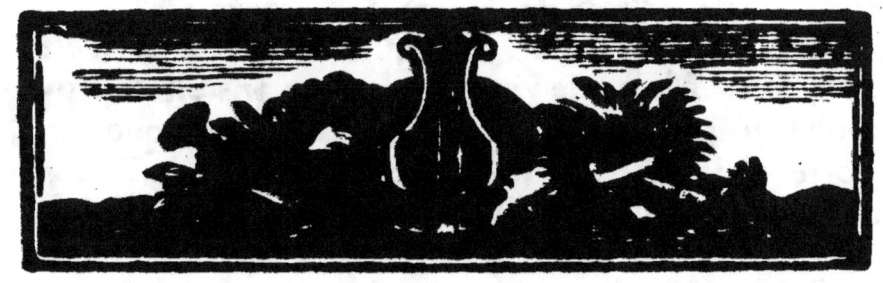

LA MERE RIVALE,
COMÉDIE.

SCENE PREMIERE.

M. DUPORT. Madame GERVAL.

M. DUPORT.

Ma bonne amie, je ne me lasse pas de vous le répéter ; vous n'avez que ce parti à prendre.

Madame GERVAL.

Mon frère, je ne prétends pas vous contredire, mais....

M. DUPORT.

Ma sœur, vous me contrediriez que ma façon de voir serait toujours la même. Vous êtes jeune, aimable, opulente & veuve, & il n'y a pas de mal à cela ; vous aimez le plaisir, votre maison est le rendez-vous de la bonne société, & c'est fort bien. Mais une veuve de trente ans est comptable au public de sa conduite, & quoique la vôtre n'ait rien de répréhensible au fond, il n'y a qu'un mari qui puisse la rendre excusable.

Madame GERVAL.

Quoi, Monsieur....

M. DUPORT.

Quoi, Madame, prétendez-vous voir mieux que moi dans vos propres affaires ? J'ai cinquante ans, & je vous déclare avec la fermeté qui naît de mon expérience, qu'une jeune veuve, qui ne tient à rien, est exposée à tout. Je vous aime, votre réputation m'est chère, & il est tems de calmer mes allarmes.

Madame GERVAL.

Vous me connaissez, mon frère.

M. DUPORT.

Je vous connais, ma sœur, & voilà pourquoi je veux vous marier.

Madame GERVAL.

Le compliment n'est pas flatteur.

M. DUPORT.

Aussi n'est-ce pas un compliment que je veux vous faire. Je vous dois la vérité, & je vous la dis.

Madame GERVAL.

Mais, Monsieur, me croiriez-vous capable....

M. DUPORT.

Je ne crois rien, mais je veux que vous vous mariez.

Madame GERVAL.

Et ma fille ? Ses intérêts ?

COMÉDIE.

M. DUPORT.

Je suis son curateur, &, dans cette affaire, je m'occupe d'elle & de vous. Votre fille aura un beau père ? choisissez-le bien, vous en serez plus heureuse, & elle n'en souffrira pas. Sa fortune est considérable ? Votre époux, honnête & sensible, en sera l'économe, & vous gagnerez toutes deux à un mariage prescrit par la raison. — En deux mots finissons. Je vous ai amené Germon. Il a quarante ans; mais il est encore jeune, car il a toujours été sage. Vous l'épouserez, si vous voulez me croire. Si vous le refusez, nous ne nous verrons plus.

Madame GERVAL.

Je ne le refuse pas, mon frère.

M. DUPORT.

Vous l'acceptez donc ?

Madame GERVAL.

Je ne dis pas cela.

M. DUPORT.

Que diable dites-vous donc ?

Madame GERVAL.

Je verrai, je me consulterai.

M. DUPORT.

Vous verrez, vous vous consulterez ? Connaissez-vous un plus aimable homme ?

Madame GERVAL.

Non.

M. DUPORT.

D'un caractère plus liant ?

Madame GERVAL.

Non, mon frère.

LA MERE RIVALE,

M. DUPORT.

D'une probité moins équivoque ?

Madame GERVAL.

Hé, non, vous dis-je.

M. DUPORT.

D'une fortune plus solidement établie.

Madame GERVAL.

Hé, non, mon frère, non, encore une fois, non.

M. DUPORT.

En ce cas, vous l'épouserez demain. Je pars après-demain pour aller vivre dans mes terres, & je vais donner mes ordres en conséquence. Germon va descendre; arrangez-vous ensemble, & qu'à mon retour je n'entende plus de cas, de si, ni de mais. Tout cela m'ennuie, & l'ennui ne convient pas à ma santé. Serviteur.

―――――――――――

SCENE II.

Madame GERVAL, *seule*.

Son cœur doit faire oublier sa vivacité. Il m'aime comme un père, & je crois que le mariage qu'il me propose serait parfaitement de mon goût, sans la répugnance que j'éprouve à donner un beau père à ma fille. Cependant comment m'en défendre ? Mon frère ordonne, Germon est pressant; il m'aime, & je ne le hais pas.... Mais ma Rose, ma chère, mon aimable petite Rose, si elle devenait malheureuse, je

COMÉDIE.

m'en confolerais jamais. Tout ceci eft très-embaraffant.

SCENE III.

GERMON. Madame GERVAL.

GERMON.

Je vous interromps peut-être ?
####### Madame GERVAL.
Pas du tout.
GERMON.
Si je prends mal mon tems....
####### Madame GERVAL.
Cela ne fe peut pas.
GERMON.
C'eft quelque chofe que la certitude de n'être pas importun.
####### Madame GERVAL.
C'eft beaucoup, & vous le favez bien, méchant homme que vous ètes.
GERMON, *fouriant.*
Il eft vrai.... Je conviens....
####### Madame GERVAL.
Je n'aime pas ce rire malin, je vous en avertis.
GERMON.
Je ne rirai plus.
####### Madame GERVAL.
Il vous donne un petit air triomphant qui me déplait.

GERMON.

Mon triomphe ferait assez flatteur pour que j'osasse en tirer vanité.

Madame GERVAL.

Cela se peut. Mais pour railler le vaincu, il faut être sûr de la victoire.

GERMON.

Aussi, dussiez-vous vous fâcher, j'ai lieu de croire....

Madame GERVAL.

Que je vous épouse peut-être ?

GERMON.

Précisément, & vous ne pouvez faire le bonheur d'un homme qui vous soit plus sincèrement attaché.

Madame GERVAL.

Grace au ciel, voilà mon mariage arrangé sans que je m'en sois mêlée encore.

GERMON.

Oh, je ne veux point que vous ayez le moindre embarras.

Madame GERVAL.

C'est trop honnête, en vérité.

GERMON.

Et quand vous serez à moi, vous n'aurez d'autre soin que celui d'être heureuse.

Madame GERVAL.

Tout cela est charmant en perspective.

GERMON.

Et la réalité ne démentira pas le tableau.

Madame GERVAL, *avec réflexion.*

Monsieur Germon ?

COMÉDIE.

GERMON, *avec cérémonie.*

Madame Gerval ?

Madame GERVAL.

Je vous crois un très-honnête homme.

GERMON.

Je le crois aussi.

Madame GERVAL.

Je suis persuadée que vous m'aimez sincèrement.

GERMON.

J'aime qu'on me rende justice.

Madame GERVAL.

J'avoue.... que.... vous ne m'êtes pas indifférent.

GERMON.

Cet aveu me comble de joie.

Madame GERVAL.

Mais, mon ami, vous ne pensez qu'à votre bonheur personnel, & le mien n'est pas ce qui m'occupe le plus. Je dois être doublement heureuse ou complétement infortunée.

GERMON, *avec sentiment.*

Je vous entends, Madame, & je vais vous répondre. Vous rendez justice à ma probité, vous connaissez ma tendresse ; un honnête homme qui vous aime doit rendre à l'aimable Rose le digne père qu'elle a perdu. Je remplirai ce devoir sacré, je vous en donne ma parole, & je suis incapable d'y manquer.

Madame GERVAL.

Puissiez-vous n'oublier jamais ce que vous venez de me dire.

LA MERE RIVALE,

GERMON.

Jamais, femme charmante.

Madame GERVAL.

Il me ferait affreux de vous le rappeller.

GERMON.

Vous ne le craignez pas.

Madame GERVAL.

Germon, mon eſtime l'emporte ſur mes craintes, & je me donne à vous avec la confiance que vous méritez. (*Germon lui baiſe la main*). Allez, mon ami ; Roſe ne tardera pas à paraître. Elle ignore nos projets, je vais lui en faire part. (*Germon fait une fauſſe ſortie, Madame Gerval le ramène*). Vous l'aimerez, Germon, vous me l'avez promis.... Vous l'aimerez ?

GERMON.

Mon cœur ſe partage entre vous, & les tendres ſoins de père ajouteront un charme au bonheur de l'époux.

SCENE IV.

Madame GERVAL, *ſeule*.

VOILA vraiment l'homme qui me convient, & mon frère a raiſon. Une veuve opulente, jeune.... jolie peut-être.... Le monde eſt ſi méchant, & il eſt ſi doux de lui impoſer ſilence en ſe rendant heureuſe.

COMÉDIE.

SCENE V.

ROSE. Madame GERVAL.

ROSE, *embraffant fa mère.*

Je me fuis levée bien tard, n'eft-il pas vrai, maman.

Madame GERVAL.
Le fommeil eft bon à une jeune perfonne. Son teint y gagne, & fa tête fe repofe.

ROSE.
Ma bonne amie, je n'ai pas dormi du tout.

Madame GERVAL.
Qu'as-tu fait ?

ROSE.
J'ai penfé.

Madame GERVAL, *fouriant.*
Tu penfes donc ?

ROSE.
Maman, je fuis ta fille.

Madame GERVAL, *l'embraffant.*
Et à quoi penfais-tu ?

ROSE.
A Monfieur Germon. Il n'eft pas très jeune, mais il eft bien aimable.

Madame GERVAL.
Je fuis enchantée que tu t'en fois apperçue.

ROSE
Je crois qu'il rendrait une femme bien heureufe.

Madame GERVAL.
Je le pense comme toi.
ROSE.
Depuis que je le connais, je suis fâchée d'être si jeune.
Madame GERVAL, *très-froidement.*
Pourquoi, ma fille?
ROSE.
C'est que mon imagination exaltée lui prête peut être des qualités qu'il n'a pas, & je serais fâchée qu'il perdît à l'examen de la raison.
Madame GERVAL.
La raison n'a point d'âge, & l'homme qui plaît à Rose, doit plaire à tout le monde.
ROSE.
Il te plaît donc aussi.
Madame GERVAL, *avec sentiment.*
Infiniment, ma fille.
ROSE.
J'aurais dû le prévoir, il y a entre nous une sympathie si marquée.
Madame GERVAL, *souriant.*
Je ne desire pas cependant que cette sympathie soit sans exception.
ROSE.
Comment donc, maman?
Madame GERVAL.
C'est qu'il doit y avoir quelque différence dans la manière dont nous aimerons Germon.
ROSE.
Je ne t'entends pas, & cependant tu me fais de la peine.

Madame GERVAL, *avec embarras.*
Mon enfant, tu as perdu un bon père.
ROSE
Je le regrette tous les jours.
Madame GERVAL.
Ton oncle est exigeant, & je lui ai de grandes obligations.
ROSE.
Oh! oui, tu ne peux rien lui refuser.
Madame GERVAL.
Germon est son ami.
ROSE.
Leur amitié fait l'éloge de tous-deux.
Madame GERVAL, *avec une espèce de timidité.*
Ton oncle veut que je me marie.
ROSE, *avec effroi.*
Ciel! C'est à Germon?
Madame GERVAL.
A lui-même. (*Rose tombe dans les bras de sa mère*). Rose, ma chère Rose.... Malheureuse!.. Ma fille est ma rivale!
ROSE, *revenant à elle.*
Maman, je crois.... que la surprise.... Germon sera ton mari. Epouse-le, je t'en conjure.
Madame GERVAL.
Ah! ma fille!... ma fille! Qu'ai-je appris!.. Mon cœur vient de se révolter contre toi, je l'avoue, l'amour l'a surpris un moment; j'expierai ma faiblesse, & je la réparerai.
ROSE, *se jettant dans ses bras.*
Laisse-moi cacher ma rougeur dans ton sein. Ma bonne mère, je t'afflige & j'en suis au désespoir. Je venais me confier à toi, & j'étais

loin de croire que j'allais troubler ton repos. Pardonne-moi, maman, pardonne-moi, je fçaurai fouffrir & me taire.

Madame GERVAL.

Mon enfant, ton âge n'eſt point celui des facrifices; & à qui en ferai-je, ſi ce n'eſt à toi ? Germon s'éloignera. Je ne mettrai pas fous tes yeux un tableau que tu ne pourrais fupporter. Tu feras ma confidente, je ferai la tienne, & nous nous conſolerons mutuellement.

ROSE.

Non, ma mère, non, ma bonne amie, tu ne te facrifieras pas.

Madame GERVAL.

Un facrifice eſt toujours doux, quand on le fait à ce qu'on aime.

ROSE.

Quoi, ma mère, toi, jeune & jolie, toi qui lui as plu, à qui il a fçu plaire, tu renoncerais au bonheur que tu te promettais ! Non, je dois être auſſi généreuſe que toi, je le ferai & je le jure par.... par la tendreſſe que tu m'inſpires, & que tu juſtifies ſi bien.

Madame GERVAL, *d'un ton férieux.*

Rofe, écoutez-moi, & ne m'interrompez plus; je l'exige. Votre oncle m'a propoſé Germon, & je lui ai promis ma main, après lui avoir reconnu ces mêmes qualités qui vous ont féduites. J'ai pour lui plus que de l'amitié; mais je fuis loin du fentiment qui vous fubjugue. J'ai étudié votre caractère; je connais votre extrême ſenſibilité, je ferai maitreſſe de la mienne, mon parti eſt pris, n'en parlons plus.

ROSE.

ROSE.
Le mien l'est également. Pense que je n'ai que quinze ans.

Madame GERVAL.
Votre cœur en a vingt.

ROSE.
Que Germon ne pense pas à une enfant.

Madame GERVAL.
Il y pensera peut-être.

ROSE, *avec force.*
Il y penserait envain.

Madame GERVAL.
C'est assez, ma fille, laissez-moi, & songez que votre meilleure amie a des droits à votre confiance, & peut-être à votre docilité.

ROSE, *à part, lui baisant la main, & sortant.*
Je serai digne de toi.

SCENE VI.

Madame GERVAL, *seule.*

QUE je suis aise qu'elle ait parlé aujourd'hui ! Demain il ne lui restait que les larmes, & à moi que les regrets ! J'entends mon frère : Remettons-nous.

SCENE VII.

Madame GERVAL. M. DUPORT.

M. DUPORT.

Je reviens enchanté, ravi, Madame Gerval. J'ai rencontré Germon, il m'a tout appris, & je vous félicite l'un & l'autre.

Madame GERVAL.

Mon frère, votre joie me rend confuse... m'embarrasse.

M. DUPORT.

Parbleu, je le crois. C'est une terrible chose que le mariage, n'est-il pas vrai ? Allons, allons, ma sœur, à votre âge on dit tout uniment à son frère : vous avez fait pour le mieux, & je vous en remercie.

Madame GERVAL.

Et voilà ce que je ne puis dire.

M. DUPORT.

Comment donc, Madame Gerval ?

Madame GERVAL.

Mon frère, vous êtes naturellement bon.

M. DUPORT.

Selon les circonstances.

Madame GERVAL.

Mais vous tenez singulièrement à vos idées.

COMÉDIE.

M. DUPORT.

Surtout quand elles sont raisonnables.

Madame GERVAL.

Je sens que vous allez vous fâcher.

M. DUPORT.

A coup sûr, ce ne sera pas ma faute.

Madame GERVAL.

Il faut parler cependant.

M. DUPORT.

Hé, ventrebleu, parlez donc.

Madame GERVAL.

Je ne puis épouser Monsieur Germon.

M. DUPORT.

Voici du nouveau, par exemple. Ma sœur une femme estimable, ne se joue pas d'un honnête homme qui lui fait l'honneur de la rechercher, ni d'un frère à qui elle a quelques obligations.

Madame GERVAL.

Je fais de tous-deux le plus grand cas. J'avoue même que Germon m'est cher.

M. DUPORT.

Et vous le refusez ? Qui voulez-vous donc épouser ? Un homme que vous n'aimerez pas?

Madame GERVAL.

Ecoutez-moi, mon frère.

M. DUPORT.

Hé, Madame, j'en ai trop entendu, & je ne sais qui doit m'étonner le plus, de vos procédés, ou de ma patience.

Madame GERVAL.

J'ai une fille.

LA MERE RIVALE,

M. DUPORT.
Il y a quinze ans que je le sçais.

Madame GERVAL.
Qui m'est chère.

M. DUPORT.
C'est fort bien.

Madame GERVAL.
Que vous aimez vous-même

M. DUPORT.
A la bonne heure.

Madame GERVAL.
Cette enfant....

M. DUPORT.
Cette enfant?...

Madame GERVAL.
Est sensible au mérite de Germon.

M. DUPORT.
Il n'y a pas de mal à cela.

Madame GERVAL.
Vous ne m'entendez pas, mon frère.... Elle l'aime... trop.

M. DUPORT.
Que voulez-vous dire ?

Madame GERVAL.
Que le mérite de votre ami nous a également frappées, que Rose ne peut supporter l'idée de mon futur mariage, & que je n'aurai pas la cruauté de l'en rendre témoin.

M. DUPORT.
Madame Gerval, vous ne me proposerez peut-être pas de marier un homme fait à une enfant de quinze ans.

Madame GERVAL.

Hé, pourquoi pas?

M. DUPORT.

C'est que ce serait une absurdité que vous ne devez pas vous permettre, & que je ne suis pas fait pour entendre.

Madame GERVAL.

Rose n'a que quinze ans, il est vrai; mais son caractère est très-formé.

M. DUPORT.

C'est vous qui l'assurez. Belle caution!

Madame GERVAL.

Vous me manquez, mon frère.

M. DUPORT.

J'en suis fâché, ma sœur. Mais quand j'ai passé six mois à arranger & à faire réussir un projet raisonnable & solide, il est diabolique de le voir échouer contre la plus pitoyable fantaisie.

Madame GERVAL.

Vous voulez donc que je devienne l'ennemie de ma fille?

M. DUPORT.

Qui vous parle de cela?

Madame GERVAL.

Que je tourmente sa jeunesse?

M. DUPORT.

Pas du tout.

Madame GERVAL.

Qu'elle me reproche un jour d'avoir eu moins de fermeté qu'elle?

M. DUPORT.

Quel éternel verbiage! Vous croyez donc que cette fantaisie d'une enfant peut tirer à conséquence, que son goût pour Germon sera durable ? Un amour de quinze ans ! Voilà quelque chose de bien imposant, en vérité.

Madame GERVAL.

Mon frère, Rose n'est point une enfant ordinaire, & l'amour jette de profondes racines dans un cœur qui, pour la première fois, s'ouvre au sentiment. Vous ignorez cela, vous qui n'avez jamais aimé.

M. DUPORT.

Je n'ai jamais aimé ? Je n'ai jamais été amoureux, dieu merci ; mais je connais l'amitié, vous n'en pouvez douter, (*en la fixant*). & je m'y suis quelquefois trop livré pour mon repos.

Madame GERVAL.

Hé bien, si je vous suis chère, souffrez que je vive pour ma fille, que j'assure sa félicité, je vous en prie, je vous en conjure. Vous voulez que Germon soit à la tête de ma maison ? Il y aura les mêmes droits que s'il était mon époux. Je l'aimerai comme mon gendre, & j'aurai pour lui les égards que personne ne peut lui refuser.

M. DUPORT.

Et vous croyez qu'à votre première invitation il oubliera l'une pour aimer l'autre ? Ce n'est pas assez de vous l'être soumis, vous voulez qu'esclave docile il s'attache à l'instant à l'objet que vous lui indiquerez ?

Madame GERVAL.

Je veux seulement ne pas perdre votre amitié, quand je fais tout pour la conserver.

M. DUPORT.

Mon amitié ? Hé, Puis-je vous l'ôter ? Suis-je

de ces ames glacées qui commandent leurs inclinations ? Je crie, je tempête, & je suis toujours ton frère.... Mais au moins je ne me mêlerai pas de cette affaire, je vous le signifie.

Madame GERVAL.

Je l'arrangerai seule.

M. DUPORT.

Elle est tellement extravagante que je rougirais d'en parler à mon ami.

Madame GERVAL.

Je lui parlerai, moi.

M. DUPORT.

Et gardez-vous de lui dire que vous m'avez confié vos folies, je vous démentirais tout net, je vous en avertis. *(il sort.)*

SCENE VIII.

Madame GERVAL, *seule*.

Voila le grand coup porté. Il ne me reste qu'à gagner Germon. Il résistera peut-être; mais du moins il ne me brusquera pas.

SCENE IX.

Madame GERVAL. GERMON.

GERMON, *avec gaité*.

Avez-vous vu mon beau-frère ?

LA MERE RIVALE,

Madame GERVAL, *souriant*.

Votre beau-frère ?

GERMON.

Il est charmant aujourd'hui. Je lui ai rendu notre conversation, & il a oublié sa brusquerie ordinaire pour partager ma satisfaction.

Madame GERVAL.

Il faut qu'il vous aime bien.

GERMON.

Oh ! c'est incroyable. Il est vrai qu'il doit quelque chose à mon attachement pour lui.

Madame GERVAL.

Il me doit aussi quelque chose à moi, & il vient de me traiter avec une cruauté....

GERMON.

Ecoutez donc, vous vous faites quelquefois un malin plaisir de le contredire....

Madame GERVAL.

Je ne crois pas que vous puissiez vous en plaindre.

GERMON.

Et surtout aujourd'hui. Car dans cette affaire il a plus fait que moi-même.

Madame GERVAL.

Qu'en savez-vous ?

GERMON.

C'est lui qui me l'a dit.

Madame GERVAL.

Et vous vous en rapportez plus à sa tête qu'à mon cœur ?

GERMON.

Tenez, ne disputons pas : vous auriez toujours raison.

COMÉDIE.

Madame GERVAL.
Même, si je ne vous épousais pas ?

GERMON.
Oh ! dans ce cas-là vous auriez tort.

Madame GERVAL.
C'est un tort auquel il faut vous préparer.

GERMON.
Comment ?

Madame GERVAL.
Mon ami, je vous aime autant que je le puis.

GERMON.
En conscience, vous me devez cela.

Madame GERVAL.
Et je ne vous épouserai jamais.

GERMON.
Madame Gerval ?

Madame GERVAL.
Je vous dis la vérité en riant.

GERMON.
Savez-vous bien, Madame, que, toute aimable que vous êtes, vous avez des caprices si bien conditionnés....

Madame GERVAL.
Voilà des propos.

GERMON.
Moins piquans peut-être que vos procédés.

Madame GERVAL.
Mes procédés sont tout simples. Je vous ai promis ma main, je la retire.

GERMON, *saisissant sa main.*
Et moi, je la garde.

Madame GERVAL.
C'est ce que nous verrons.

26 LA MERE RIVALE,

GERMON.

C'est tout vu.

Madame GERVAL.

Une femme de trente ans n'est pas ce qu'il vous faut.

GERMON.

Au contraire, Madame.

Madame GERVAL.

Vous êtes obstiné, je le suis autant que vous.

GERMON.

La conversation en sera plus animée.

Madame GERVAL.

Il vous faut une femme jeune, jolie, aimante & docile.

GERMON.

Je ne compte point épouser un être chimérique.

Madame GERVAL.

Cette femme est toute trouvée.

GERMON.

Je n'en veux point.

Madame GERVAL.

Monsieur Germon, je ne me consolerais pas d'avoir compromis celle que je vous propose.

GERMON.

Elle ne sçaurait l'être, je ne la connais pas.

Madame GERVAL.

Elle n'est pas faite pour éprouver un refus.

GERMON.

Cela se peut, mais je vous épouse.

Madame GERVAL.

Jamais, vous dis-je, jamais. Je vous parle sérieusement, aussi sérieusement que j'aie parlé de ma vie. Vous épouserez celle que je vous destine. J'exige cette preuve de votre amour. Si vous me la refusez, vous ne m'avez jamais aimée.

GERMON.

Pour vous persuader qu'on vous aime, il faut vous être infidèle. Vous avez une façon de voir les choses, qui est un peu extraordinaire, au moins.

Madame GERVAL.

Vous rendez-vous ?

GERMON.

Non, en vérité. Mais sçavez-vous que vous m'embarrassez ? Brisons-là, je vous prie, c'est pousser trop loin la plaisanterie.

Madame GERVAL, *avec sentiment.*

Mon ami, vous êtes bon, honnête.

GERMON.

Ce n'est pas une raison pour vous mocquer de moi.

Madame GERVAL.

Aussi n'est-ce pas mon intention.

GERMON.

Vous voulez donc m'éprouver ?

Madame GERVAL.

Je n'en ai pas besoin.

GERMON.

Que voulez-vous donc, car je m'y perds.

Madame GERVAL.

Le bonheur de ma fille, le vôtre & le mien, qui est attaché a celui des deux personnes qui me sont chères.

GERMON, *étonné.*

Quoi, Madame....

Madame GERVAL.

Ne m'interrompez plus. Je confie à l'honneur le secret de l'innocence. Vous avez fait sur ma fille une impression que j'ignorais, & dont la violence excite mes alarmes. Elle est très-jeune; mais ses sentimens ne sont pas à dédaigner : il est même flatteur pour un homme qui pense d'avoir épanoui un cœur qui ne se connoissait pas encore, & de recevoir le premier tribut de sa sensibilité. Il y a entre vous, j'en conviens, une disparité d'âge, qui vous effraye peut-être en ce moment. Mais avec un peu de réflexion, vous sentirez que ce n'est pas un grand malheur d'épouser une fille de quinze ans, jeune, jolie, sage, riche, bien élevée, & dont la raison est assez avancée pour qu'elle ait senti tout ce que vous valez. Pour nous, qui ne sommes plus dans l'âge des grandes passions, nous passerons sans peine d'un sentiment plus vif aux sentimens calmes & doux de la simple amitié. Enfin, mon cher ami, il ne tient qu'à vous de couler des jours heureux entre une épouse qui vous aime, & l'amie la plus tendre. Notre félicité sera inaltérable, car elle dépendra de nous seuls.

GERMON.

Vous peignez à merveille ; mais comme vous dites fort bien, ceci demande un peu de réflexion.

Madame GERVAL.

Je vous donne une heure.

GERMON.

Vous êtes généreuse.

Madame GERVAL.

Et souvenez-vous, Germon, souvenez-vous bien que je ne puis, que je ne veux être que votre amie.

SCENE X.

GERMON, seul.

Voila des choses auxquelles on ne s'attend pas, & qui sont faites pour embarasser l'homme le plus sûr de lui. Voyons, calculons le pour & le contre, Et ne faisons pas de sottises, s'il est possible. J'aime la mère, elle ne m'épousera pas, elle s'est déclarée & je ne la ferai pas revenir: elle chérit sa fille, & il n'y a rien de si naturel. Sa fille me fait l'honneur de m'aimer, & je sens que je n'aurai pas de peine à l'aimer aussi. (*en souriant.*) pour peu que je me prête à la nécessité. Mais j'ai quarante ans, elle n'en a que quinze, & jamais je n'ai rien donné au hazard. Cependant, pour avoir trop réfléchi, je suis garçon encore, Et Rose ne ressemble pas mal à l'épouse que j'ai toujours désirée... Mais sa jeunesse... Sa jeunesse... Ma foi, en amour comme en guerre, il faut risquer quelque chose, & le plus téméraire n'est pas toujours le plus malheureux.

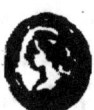

SCENE XI.

GERMON. ROSE.

ROSE, *avec embarras.*

MA mère vous quitte, Monsieur Germon ?
GERMON.
Oui, Mademoiselle.
ROSE.
C'est une bien bonne mère.
GERMON.
Comme on en voit peu.
ROSE.
Il a été question de moi, Monsieur Germon ?
GERMON.
Il est vrai, Mademoiselle.
ROSE, *à part.*
Je ne sçais que dire, & j'ai un besoin de parler !
GERMON.
Vous ne paraissez pas à votre aise, Mademoiselle?
ROSE.
J'avoue que je suis embarassée.
GERMON.
Vous ne devez pas l'être avec moi.
ROSE.
Tenez, Monsieur Germon, je ne sçais pas diffi-

muler, & je le pourrais que je ne le voudrais pas. Vous inspirez la confiance, ou peut-être on aime à se confier à l'homme qu'on préfère. Eh, à qui ouvrirait-on son cœur, si ce n'est à celui qui lui fait sentir son existence ?

GERMON.

Croyez, Mademoiselle, que je sens tout le prix des choses flatteuses que vous me faites entendre, & de celles que Madame Gerval m'a déjà dites de votre part.

ROSE.

Je ne l'avais chargée de rien, de rien en vérité, Monsieur Germon. Elle a surpris mon secret, & n'a consulté que l'intérêt de sa fille. Je vous aime, Monsieur Germon, je vous aime bien tendrement, je vous l'assure ; mais ma mère vous aimait avant moi, vous devez l'aimer aussi, car elle est si aimable ! Ne souffrez pas qu'elle me sacrifie son bonheur. Germon, honnête & sensible Germon, refusez-moi, je vous en prie, sauvez-moi du danger de me préférer à ma mère. Dites-lui que je ne suis qu'un enfant sans caractère, dites-le à mon oncle, dites-le à tout l'univers. Soyez mon père, ce titre me forcera au respect, & imposera silence à l'amour. J'en mourrai peut-être, Monsieur Germon, mais ma mère, ma bonne mère, sera heureuse, j'emporterai ses regrets, &, sans doute, les vôtres.

GERMON.

Mademoiselle, il est difficile de vous refuser ; il est plus difficile encore de vous chercher des défauts, quand vous n'avez que des vertus.

ROSE, *d'un ton triste.*

Il faudra donc que je vous refuse moi même, que je sois plus délicate que vous, que je vous donne l'exemple d'une fermeté que vous deviez m'inspirer.

GERMON.

Mademoiselle, Madame Gerval n'est pas aussi faible que vous le supposez, & le bonheur de son aimable fille ne coûtera rien à son cœur.

ROSE.

Elle vous l'a dit... Elle vous l'a dit, n'est-il pas vrai ? Eh bien, mon ami, elle vous a trompé, elle a voulu se tromper elle même. Elle a failli se trouver mal, quand elle a sçu... Quand elle a sçu ce que vous sçavez, Monsieur Germon. Il faut que vous soyez bien cruel, pour ne pas vous rendre à mes prières. Songez-donc que je ne puis être comparée à une femme qui unit encore les graces touchantes de la jeunesse, à tous les charmes d'un esprit mur, songez qu'il y a entre vous une conformité d'age, de gouts, & de caractères qui rend votre mariage indispensable, songez...

GERMON.

Je ne dois plus songer qu'à vous, Mademoiselle, c'est le vœu de Madame votre Mère, (*avec gaité.*) & vous êtes bien faite pour justifier un infidélité.

ROSE.

Et de quel droit, Monsieur, prétendez-vous me contraindre ? Depuis quand ma mère me rend-elle victime de ses volontés ?

GERMON.

COMÉDIE.

GERMON.

Vous me connoissez bien peu, si vous me croyez capable d'abuser de son aveu.

ROSE.

Vous le voudriez en vain : c'est moi qui vous l'assure.

GERMON, *dissimulant.*

Mademoiselle, il est inutile de feindre davantage. Madame Gerval a craint de vous imposer un sacrifice au dessus de vos forces, & elle sera enchantée de l'empire que vous avez sur vous.

ROSE.

Quoi, Monsieur. vous m'éprouviez ?

GERMON.

J'en conviens, Mademoiselle, & je vois avec plaisir combien cette épreuve est superflue.

ROSE, *piquée.*

Ah, vous m'éprouviez, Monsieur, vous m'éprouviez ?

GERMON.

Oui, Mademoiselle, & je vais jouir sans regrets, d'un bonheur que vous désirez si sincèrement.

ROSE, *les larmes aux yeux.*

Vous ferez bien, Monsieur. Je vous proteste que je suis au comble de la joie.

GERMON.

Je m'en apperçois, Mademoiselle, elle brille dans vos yeux. Rien n'empêche plus que la noce ne se fasse demain.

ROSE, *sanglottant.*

Non, sans doute... Et j'y serai... J'y serai aussi gaie...

GERMONT.
Que dans ce moment-ci, Mademoiselle?
M. DUPORT, *en dehors.*
Portez tout cela dans mon appartement.
ROSE, *avec effroi.*
Ciel! c'est mon Oncle! s'il me voit dans l'état où je suis!...

SCENE XII.

GERMON, M. DUPORT, ROSE.

M. DUPORT.

TE voilà tête-à-tête avec ma Nièce? Tu jouis déjà des prérogatives de la paternité? Mais qu'a-t-elle donc? Aurais-tu fait usage de ton autorité? Ma Nièce est triste, (*la fixant.*) ma Nièce pleure?
ROSE, *s'efforçant de rire.*
Au contraire, mon Oncle.
M. DUPORT.
Rose, chacun s'égaie à sa manière: la tienne ne serait pas de mon goût; mais si elle te convient, il n'y a rien à dire. Vas faire un tour dans le parc, vas mon enfant, le grand air ne te fera pas de mal.
(*Rose sort en regardant Germon avec expression.*)

SCÈNE XIII.

GERMON. M. DUPORT.

M. DUPORT.

Germon, que signifient les larmes de cette petite fille ? Ces femmes-là te tourmentent, je m'en apperçois.

GERMON.

Leurs persécutions ne sont pas sans agrémens. J'avoue cependant que je suis très malheureux. Je suis aimé de deux femmes charmantes, & elles ne veulent de moi ni l'une, ni l'autre.

M. DUPORT.

Ah ! ma Sœur t'a parlé ?

GERMON.

Très intelligiblement.

M. DUPORT.

Et elle a joué les grands principes ?

GERMON.

Elle sent beaucoup & ne joue rien.

M. DUPORT.

Rose, de son côté, s'est montrée la digne fille de sa mère ?

GERMON.

Je te jure que cette enfant ne ressemble à personne. Mais il me semble que tu es aussi du secret ?

M. DUPORT.

Je suis du secret; mais je ne suis de rien dans leurs extravagances.

GERMON.

Prends garde que ta raison ne vaille pas la leur.

M. DUPORT.

Vas-tu me tourmenter aussi? Sœur, Nièce & ami; j'enverrais tout au diable, je t'en avertis.

GERMON.

Mon ami, vous êtes d'une vivacité...

M. DUPORT.

C'est que vous paraissez ligués tous trois pour me faire enrager.

GERMON.

Au contraire, car nous n'avons pû être d'accord un seul instant ce matin. La mère veut que j'épouse sa fille, la fille veut que j'épouse sa mère, & je n'épouse personne.

M. DUPORT.

Et nous serions ainsi balottés par ces deux étourdies? Je ne le souffrirai parbleu pas, & je vais leur parler d'un stile...

GERMON.

Il serait dangereux, peut-être, d'y mettre trop de chaleur. Les femmes ne veulent pas être brusquées.

M. DUPORT.

Vous êtes leur chevalier.

GERMON.

Je le suis de toutes celles à qui on ne rend pas justice.

M. DUPORT.

Veux-tu m'écouter & me laisser faire? Ne sens tu

COMÉDIE. 37

pas que mon amour propre est intéressé à tout ceci, que je suis le chef de la famille, que je ne peux pas, raisonnablement, ceder aux caprices de ma Sœur & de ma Nièce? J'ai arrangé ton mariage, & tu te marieras, si ce n'est avec la mère, ce sera avec la fille ; tu seras mon frère ou mon neveu. Voyons, laquelle veux-tu épouser?

GERMON.
Ma foi, mon ami, celle qui voudra recevoir ma main.

M. DUPORT.
C'est-à-dire, que vous n'aimez ni l'une, ni l'autre ?

GERMON.
Au contraire, je crois que je les aime toutes les deux. L'une est ta sœur, l'autre est ta nièce, toutes deux sont adorables, je n'ai jamais eu de passions violentes, & je serai trop heureux avec celle qui voudra bien se donner à moi.

M. DUPORT.
Voilà de la résignation, par exemple. Mais j'apperçois ces dames.

SCÈNE XIV, & dernière.

GERMON. M. DUPORT. Madame GERVAL. ROSE.

Madame GERVAL, *en entrant.*

Non, ma fille, non, Monsieur ne m'épouse pas.

38 LA MERE RIVALE.

ROSE, *tristement.*

Il s'y dispose cependant.

Madame GERVAL.

Je ne crois pas qu'il fasse rien sans moi.

M. DUPORT.

Mesdames, je suis très-mécontent de vous, je vous le signifie. Je me suis prêté, ma sœur, à ce que vous apellez votre délicatesse. Germon suit vos loix avec une docilité qui tient de la bonhommie ; mais il est des bornes à tout, & je veux, j'entends que vous lui fassiez épouser votre fille, ou que vous l'épousiez vous même.

Madame GERVAL.

Eh, mon frère, il ne tient pas à moi que Rose ne soit heureuse.

M. DUPORT.

Et Mademoiselle vous résiste ? (*à Rose.*) Corbleu, quand votre mère & votre oncle ont prononcé, vous devez accepter celui qu'on vous propose, eussiez-vous de l'aversion pour lui.

ROSE.

Quoi mon oncle !...

M. DUPORT.

Oui, Mademoiselle, eussiez-vous de l'aversion pour lui ; mais vous l'aimez, vous le lui avez dit, vous l'avez dit à votre mère, vous n'osez me le nier à moi, & vous vous faites prier ? Savez-vous que votre père, en mourant, m'a remis tous ses droits, & que l'obéissance est la première vertu de votre age ? (*à Germon.*) Veux-tu bien prendre la peine de me seconder un peu ? Te voilà seul dans ton coin à pousser des soupirs sentimentaux....

COMÉDIE.

GERMON.

C'est que nous jouons une scène de situation qui embarrasse ma modestie.

M. DUPORT.

Epousez-vous Germon ?

Madame GERVAL.

Monsieur sait bien que je ne le puis pas.

M. DUPORT, à Rose.

Et toi, te décides-tu ?

ROSE, avec timidité.

Si j'aimais moins ma mère, peut-être....

M. DUPORT.

Vous avez juré toutes deux de faire le malheur de ma vie. Hé bien, puisqu'il est ainsi, Germon partira, & vous oublîra l'une & l'autre.

Madame GERVAL.

Ma fille, vous perdrez votre amant, & vous n'aurez rien fait pour votre mère.

ROSE, avec attendrissement.

J'aurai fait ce que j'ai pû.

M. DUPORT, prenant Germon par la main.

Prends congé de ces dames, & qu'elles s'arrangent comme elles l'entendront.

GERMON, avec effort.

Madame, je vous salue. Mademoiselle, je pars. (*Madame Gerval & Rose saisissent chacune une de ses mains.*)

ROSE.

Germon, arrêtez. Ma bonne maman, souffriras-tu qu'il s'éloigne ?

Madame GERVAL.

Je ne regretterai, moi, que mon ami.

ROSE.
Et tu te consoleras de son absence?

Madame GERMON.
Il le faudra bien, puisque tu ne veux pas le retenir.

ROSE, *avec sentiment, & d'une voix éteinte.*
Ah, Germon, Germon!

M. DUPORT.
Parlez-donc, Madame Gerval, parlez en mère, ou je me fâche.

Madame GERVAL.
Puisqu'on le veut, Rose, pour la première fois je vous ordonne d'obéir.

ROSE, *se jettant dans les bras de sa mère.*
Ah, ma mère, ma digne mère!

M. DUPORT.
Que de façons! ta mère le veut; (*montrant Germon.*) Son cœur t'attend, tu brules de te rendre, donne-moi ta main, (*il la met dans celle Germon.*) & embrasse ton mari. (*Germon l'embrasse.*)

ROSE.
C'est par pure obéissance.

M. DUPORT.
Eh, je le vois bien. Ma sœur, un jour perdu pour le bonheur ne se retrouve jamais. Nous terminerons ce soir, & vous conviendrez qu'un homme de tête comme moi, est un bienfait du sort pour des femmes telles que vous.

FIN.

www.ingramcontent.com/pod-product-compliance
Lightning Source LLC
Chambersburg PA
CBHW050030230526
45470CB00003B/1208